NATIONAL GEOGRAPHIC

Peldaños

MUCHAS CULTURAS

Una nación de muchas

Estados Unidos es una nación de muchas culturas. Excepto por los nativos norteamericanos, en el país todos son **inmigrantes** o descendientes de inmigrantes.

Habitantes de muchos países europeos se establecieron en los Estados Unidos antes de que fuera una nación. Más tarde, más pobladores llegaron de Asia y Latinoamérica.

culturas

por John Manos

Los inmigrantes viajaron a los Estados Unidos por muchas razones. A algunos se los obligó a venir como esclavos de África y las Indias Occidentales. A otros los persiguieron en su tierra natal. Muchos vinieron con la esperanza de poseer tierras. Otros vinieron en busca de trabajo. Casi todos los inmigrantes voluntarios vinieron con la esperanza de una vida mejor.

Por este deseo es que muchos inmigrantes siguen viniendo a los Estados Unidos. Todos los años llegan pobladores de México, América Central, Canadá, la India, Corea y muchos otros países. La mezcla de culturas y **ascendencias** ha hecho que los Estados Unidos sea una nación interesante.

Abandonar el hogar

A lo largo de la historia, diferentes grupos de inmigrantes vinieron a los Estados Unidos en distintas épocas. Por ejemplo, a fines del siglo 1800 y comienzos del 1900, llegaron muchos europeos del Imperio ruso, Suecia, Noruega e Irlanda a la isla Ellis, en Nueva York. En el siglo 20 y ya en el siglo 21, los inmigrantes a los Estados Unidos han llegado de México y países de Asia y Latinoamérica. Los inmigrantes más recientes a menudo han llegado a través de California, en la costa oeste, en lugar de Nueva York, en la costa este.

La inmigración de estos grupos a los Estados Unidos muchas veces se debió a conflictos en sus propios países. Otras veces han emigrado debido a dificultades o desastres naturales. En las décadas de 1840 y 1850, más de un millón de irlandeses llegaron a los Estados Unidos.

Población nacida en los EE. UU. y el extranjero

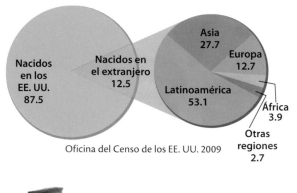

Nacidos en los EE. UU. 87.5

Nacidos en el extranjero 12.5

Asia 27.7
Europa 12.7
Latinoamérica 53.1
África 3.9
Otras regiones 2.7

Oficina del Censo de los EE. UU. 2009

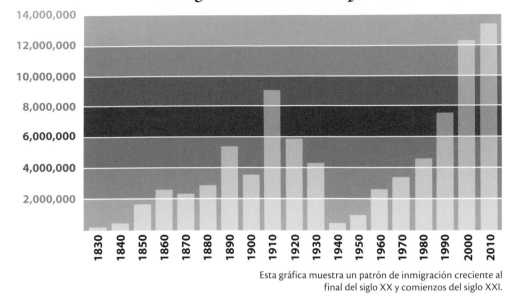

Inmigración a los EE. UU. por década

Esta gráfica muestra un patrón de inmigración creciente al final del siglo XX y comienzos del siglo XXI.

Emigraron de Irlanda debido a una terrible hambruna. También vinieron inmigrantes de Alemania e Inglaterra cuando sus naciones enfrentaron cambios. Y los inmigrantes chinos comenzaron a llegar en la década de 1850.

Los historiadores hacen una gráfica de los picos y los valles de inmigración a los Estados Unidos. En el siglo XX, el mayor pico de inmigración fue en la primera década. Muchos ciudadanos estadounidenses pueden rastrear su **herencia** familiar en inmigrantes que vinieron de otros países en ese momento.

En la actualidad, el 12% de la población está compuesta por inmigrantes. Más de la mitad de estos inmigrantes son de Latinoamérica. Más del 25% de los inmigrantes provienen de países asiáticos, como las Filipinas.

Actualmente, en los Estados Unidos se hablan más de 300 idiomas. El inglés es el que más se habla. Después de él, los más hablados son el español, el chino, el francés, el alemán, el tagalo, el vietnamita y el italiano.

Festivales

El Tet es la festividad más importante de la cultura vietnamita. Tet tiene lugar todos los años en un momento entre fines de enero y principios de febrero. Anualmente, los habitantes de ascendencia vietnamita de San José, California, organizan un festival Tet. El festival incluye un desfile con bailarines.

Los inmigrantes a los Estados Unidos traen sus propias tradiciones. Esa es una manera en la que los inmigrantes conservan su cultura. Los nuevos inmigrantes enriquecen la cultura de su nuevo hogar. Sus tradiciones se convierten en parte del mosaico cultural de los Estados Unidos.

Festival del Año Nuevo Chino

En China, el Año Nuevo se celebra en primavera. Los inmigrantes chinos comenzaron a establecerse en San Francisco en la década de 1860 y trajeron la celebración. En la actualidad, el festival incluye la Feria de Flores del Año Nuevo Chino y la Feria Callejera Comunitaria del Barrio Chino.

El punto destacado es el Desfile del Año Nuevo Chino, que muchos consideran uno de los mejores desfiles del mundo. Tiene hermosos carros alegóricos y sorprendentes disfraces, y termina con el Dragón Dorado. El dragón mide más de 200 pies de largo. Lo llevan más de 100 personas. A medida que se mueve, 600,000 cohetes explotan junto a él.

Festival Internacional Árabe

Los inmigrantes de ascendencia árabe provienen del Medio Oriente. En Dearborn, Michigan, más de 300,000 personas de los Estados Unidos y Canadá vienen al Festival Internacional Árabe. El festival de calle incluye música, danza, entretenimiento y comida.

Festival del Dragón (Hmong)

Los inmigrantes hmong provienen de Laos y Vietnam. St. Paul, Minnesota, tiene la población de inmigrantes hmong más grande fuera de Vietnam. Todos los veranos hay un festival en St. Paul que incluye danza, comida y un torneo de fútbol.

Las artes

Ser parte de una nación de inmigrantes tiene muchos beneficios. Un beneficio son las ricas tradiciones culturales de todo el país. Cuando llegan los inmigrantes, traen tradiciones de su cultura, como la música y la danza.

Las tradiciones de los inmigrantes influyen en las artes de los Estados Unidos. Estas tradiciones suelen tomar nuevas direcciones en un lugar nuevo, y gente de todos los orígenes aprende a participar en estas expresiones culturales.

Danza

La danza polka proviene de la región que en la actualidad son los países República Checa y Polonia. Esta danza rápida y alegre es la base de varias danzas estadounidenses. Muchas danzas tradicionales europeas, latinoamericanas y africanas también han influido en los estilos de danza estadounidenses.

Música

Los instrumentos, las canciones y los ritmos de los países africanos y latinoamericanos llegaron a los Estados Unidos con los inmigrantes voluntarios e involuntarios. Muchos de los primeros africanos que vivieron en los Estados Unidos eran esclavos. Con el tiempo, los elementos de la música africana y latinoamericana se convirtieron en parte de los nuevos géneros musicales del *jazz* y el *blues* estadounidenses.

Cocina

La comida suele estar entre las conexiones culturales favoritas. Cada nuevo grupo de inmigrantes trae comidas deliciosas que otros por lo general no han probado antes. Estas comidas se encuentran en todas las formas y los tamaños, y en envoltorios pequeños, como las empanadas, los perogi y los rollos primavera. Los inmigrantes traen recetas de sus países de origen. En la actualidad, muchas tiendas de alimentos y mercados agrícolas al aire libre venden frutas, vegetales y especias internacionales necesarias para hacer los platos tradicionales de diferentes culturas.

Nuevos alimentos básicos

En los Estados Unidos, diferentes tipos de pan, arroz y papas suelen ser alimentos básicos en la comida. Distintos grupos de inmigrantes han traído las tortillas de México y Centroamérica, las pitas de Medio Oriente y el naan (o nan) de la India. ¿Cuáles has probado?

Esta mujer trabaja con masa.

Camiones de comida

No hay nada como encontrar comida deliciosa para comer al paso. Pero comer comida de diferentes culturas hace que esto sea aún más interesante. Los camiones de comida se pueden encontrar en las esquinas transitadas de Nueva York a Hawái. Tacos de camarones, barbacoa coreana o plátanos fritos cubanos... ¡hay de todo!

Comida de todo el mundo hace que comer sea más interesante en los Estados Unidos; y los festivales étnicos y las artes hacen que la vida en los Estados Unidos esté llena de aventura. Entonces, ¡busca un festival o prueba una comida nueva!

Compruébalo Menciona una manera en la que los grupos de inmigrantes influyen en la vida de los Estados Unidos.

Las danzas leoninas son parte de la celebración del Año Nuevo Chino.

DANZAS LEONINAS
Y DIM SUM

por Alexandra Behr

Eli de bebé con su mamá en un hotel chino, 2005.

Eli vestido elegantemente en su preescolar mandarín, 2008.

Las montañas bordean el río Yangtze.

En 2004, un orfanato de China recibió un bebé sano. Tenía aproximadamente diecisiete días de edad, pero no había una nota que dijera algo sobre sus padres biológicos. Mi esposo y yo adoptamos a este bebé cuando tenía diez meses. Conservamos su nombre chino, *Zheng*, y le dimos el primer nombre *Eli*. No conocer a sus padres biológicos es una pérdida emocional para Eli, ¡pero estamos seguros de que lo querían mucho! Eli no sabe en qué se parece a ellos (si heredó la risa de su madre biológica o los ojos de su padre biológico). Pero lo ayudamos de otras maneras a sentirse orgulloso de su origen. Creemos que las familias adoptivas deben ayudar a sus hijos a formar conexiones con su **herencia** cultural para que se sientan orgullosos de su origen.

Los expertos en adopción aseguran que para los niños adoptados es beneficioso comprender su **identidad cultural.** Eli pasó casi un año en un orfanato en Chongqing, China. Por lo tanto, hemos hablado de China y la cultura china desde que era muy pequeño. Celebramos el Año Nuevo Chino y asistimos a eventos chino-estadounidenses. Eli incluso fue a una escuela mandarina. El mandarín es el idioma oficial de China. Mientras estaba allí, aprendió las tradiciones chinas, incluso canciones infantiles en mandarín.

Los psicólogos infantiles dicen que los niños de seis a ocho años comienzan a preguntarse quiénes son. Los niños adoptados pueden preguntarse en qué se parecen a sus padres biológicos. Como no conocemos a los padres biológicos de Eli, apoyamos su orgullo de ser chino estadounidense. En este momento, Eli está en segundo grado en Oregón, y le gusta jugar *foursquare* y contar chistes. Para una tarea en clase, cada estudiante explicó por qué él era importante. Eli podría haber respondido muchas cosas, pero dijo: "Soy importante porque soy chino". Esto sugiere una identidad cultural fuerte.

Queremos visitar el orfanato de Eli de nuevo para solidificar su conexión con China. En el libro *Kids Like Me in China*, una niña adoptada viaja a su orfanato en China. Afirma: "China ya no es mi hogar, pero es donde nací... Es bueno saber que aquí hay tantos niños como yo".

Cuando Eli llegue a la edad de entre nueve y doce años, sus intereses pueden cambiar. Sus sentimientos también pueden cambiar. Los expertos en infancia aseguran que los niños que pasan a quinto grado quizá quieran amoldarse aún más a otros niños. Como resultado, es probable que Eli no quiera responder preguntas sobre su herencia. Quizá quiera mantener la historia de su adopción en secreto. Sin embargo, su papá y yo creemos que cuanto más se quiera a sí mismo por lo que es, más fácil será para él enfrentarse a los desafíos.

La Gran Muralla China. ¡A Eli le gustaría construir una en nuestro patio!

Dim sum es un estilo de comida china. ¡A Eli le encanta picante!

正

fuerte y honorable

El símbolo chino de Zheng significa fuerte y honorable.

El jardín chino Lan Su en Portland,
Oregón

Compruébalo   ¿En qué sentido la cultura china es una parte de la vida de Eli en los Estados Unidos?

15

Pícaros
adonde mires

cuentos populares, relato de John Manos | ilustraciones de Amanda Hall

La travesura en todas las culturas

Los cuentos populares de casi todos los países incluyen a un "**pícaro**". La trama del personaje pícaro que gana usando su ingenio parece atraer a todos, y este **motivo** popular, o idea central recurrente, une a todas las culturas. Es casi como si la picardía y la travesura fueran parte de nuestra **herencia** humana común.

Tradicionalmente, el pícaro es un animal macho de algún tipo, pero puede ser humano o casi humano. En Japón puede ser Kitsune, el zorro, o Tanuki, el "perro mapache". En el sudeste asiático, el pícaro es un almizclero asiático. Iktomi es una araña entre los lakota de Norteamérica. Para muchos otros pueblos nativos norteamericanos, el pícaro es Coyote. En África occidental, la araña Anansi es una pícara, y también lo es una tortuga, mientras que en el sur de África, cerca del desierto del Sahara, es una mantis religiosa. El pícaro en la India suele ser un mono. La lista sigue y sigue.

Almizclero del sudeste asiático

Los pícaros a veces son divertidos y traviesos y otras veces crueles y engañosos que confabulaban para ganar o **burlar** sin importar el costo para los demás. Muchos personajes de animales pícaros son más pequeños que los otros personajes que aparecen en el cuento con ellos. Casi todos los pícaros sobreviven gracias a su astucia: engañan a otros animales sin compasión. A veces los atrapan. La mayoría de las veces, sin embargo, los pícaros se salen con la suya.

Mantis del Sahara africano

Coyote de los mayas de Centroamérica

Tanuki de Japón

La araña Anansi de Ghana

La araña Iktomi de los lakotas de Norteamérica

Mono cruza el río

Mono es un pícaro famoso en la India y un personaje que sea un mono en el motivo del pícaro tiene sentido, ya que los monos de verdad son animales molestos en algunas partes del país. En los cuentos populares, Mono suele engañar a Cocodrilo, que se quiere comer a Mono.

Cocodrilo observaba a Mono saltar de roca en roca para cruzar el río y comer del gran árbol frutal. Cocodrilo tenía un plan para atrapar a Mono. ¡Iba a simular que era una roca!

Mono saltaba a través del río cuando observó que una roca era mucho más grande de lo que recordaba. Al darse cuenta de lo que sucedía, decidió aventajar a Cocodrilo una vez más.

—¡Hola, Roca! —gritó Mono, pero no hubo respuesta. Mono volvió a llamar, pero aún no hubo respuesta. Simuló pensar en voz alta y dijo: —¡Qué extraño! ¿Por qué no me hablará mi roca hoy? ¡Espero que no haya problemas!

Cocodrilo concluyó que Mono en realidad hablaba con las rocas y pensó: "Mejor respondo si Mono vuelve a llamar".

Cuando Mono saludó a la roca una vez más, Cocodrilo respondió: —¡Hola, Mono!

Mono aguantó la risa y preguntó: —Cocodrilo, ¿ese que está sobre mi roca eres tú?

—Sí —respondió Cocodrilo, y agregó: —¡Acércate un poco para que pueda comerte!

—Supongo que no tengo alternativa —suspiró Mono—. Abre la boca bien grande y saltaré adentro. —Mono sonrió, pues sabía que cuando un cocodrilo abre la boca muy grande se le cierran los ojos. Cuando Cocodrilo hizo lo que sugirió Mono, este saltó por sobre sus mandíbulas y en su espalda. Luego saltó a través del río hasta el árbol frutal.

Cocodrilo refunfuñó, pero sabía que Mono siempre sería muy astuto para él.

Compère Lapin despeja el campo

Los africanos occidentales de Nigeria cuentan cuentos del conejo Zomo. Cuando los africanos occidentales llegaron al Caribe, el personaje del conejo se convirtió en Compère Lapin. Compère significa "cómplice" o compañero en francés. Lapin es "conejo" en francés.

Compère Lapin quería casarse, pero según la tradición, otros conejos se negaban a casarse con alguien que no cultivara una buena tierra. Compère Lapin era demasiado haragán para despejar un campo e impresionar a una posible novia. En cambio, intentaba pensar en una manera de despejar un campo sin tener que trabajar en él.

Mientras caminaba por ahí, se cruzó con Buey y, al ver que era un animal grande y poderoso, Compère Lapin tuvo una idea. —¡Buey! —gritó sonriendo como si fueran mejores amigos—, sé que eres fuerte, pero creo que yo soy más fuerte.

Buey bufó y exigió a Compère Lapin que lo probara. —Lo haré —declaró Compère Lapin, y le dio el extremo de una larga cuerda a Buey—. Cuando te diga, tira con toda tu fuerza —dijo Compère Lapin—, y veremos quién es más fuerte. —Luego salió corriendo con el otro extremo de la cuerda.

Compère Lapin tiró la cuerda a través de un campo hasta que encontró a Caballo. Así como hizo con Buey, Compère Lapin desafió a Caballo y este aceptó. Caballo tomó el otro extremo de la cuerda. Compère Lapin corrió hasta la mitad de la cuerda, entre Caballo y Buey y gritó: —¡Ahora! ¡Tira con todas tus fuerzas!

Cuando los dos animales poderosos tiraban uno en contra del otro, Compère Lapin guiaba la cuerda hacia adelante y atrás a través del campo para despejarlo. Una vez que todo el trabajo estuvo hecho, Compère Lapin fue con cada animal y suspiró en criollo: —Muen lage (Me doy por vencido). —Además, aduló y le dijo a cada animal que era el animal más fuerte, mucho más fuerte que él. Caballo y Buey se fueron a cenar a casa, complacidos con su fuerza. Compère Lapin sonrió ante su campo despejado y se puso sus mejores prendas para poder buscar novia.

Juan Pusong y el campo del rey

Algunos pícaros aparecen como humanos. Entre los filipinos se cuentan muchos cuentos del pícaro Juan Pusong. Juan Pusong suele verse como un niño o un hombre joven.

En la isla de Luzon vivía un niño llamado Juan Pusong, o "Juan el pícaro". Como su nombre sugiere, Pusong engañaba a las personas.

Una vez decidió engañar al rey. Pusong avanzó a rastras por el campo donde se cuidaba a las vacas del rey, les cortó la cola y condujo a las vacas a su casa. Luego clavó las colas en el barro, en el campo del rey. Fue corriendo ante el rey y afirmó que las vacas se habían ahogado en el pozo de barro.

Cuando el rey vio las colas en el barro, se sintió muy triste. Pero pronto el rey supo la verdad. Furioso, hizo capturar a Pusong y lo encerró en una jaula. El rey planeaba lanzar la jaula al mar a la mañana siguiente.

Más tarde, ese mismo día, un hombre pasó caminando y oyó cómo se lamentaba Pusong dentro de la jaula. El hombre preguntó qué sucedía.

—Me quieren obligar a casarme con la hija del rey —respondió Pusong—. ¡No quiero ser príncipe!

Como creía que sería rico si se casaba con la hija del rey, el hombre le ofreció a Pusong ocupar su lugar. Se cambiaron la ropa, y el hombre tomó el lugar de Pusong dentro de la jaula.

A la mañana siguiente se lanzó la jaula al mar. Un pescador amable salvó al hombre, pero la jaula se hundió bajo las olas.

Esa mañana, Pusong pasó silbando frente al palacio. El rey no podía creer lo que veía. —¿Qué haces aquí? —gritó.

—Volví del fondo del mar —respondió Pusong—. Conocí todo tipo de gente maravillosa ahí, y me enviaron para enviarte saludos. Tus parientes están entre ellos y viven en casas hermosas bajo el agua.

El rey quería ver a sus parientes, como hizo Pusong, así que se hizo encerrar en una jaula y lanzar al mar.

¡Y así es como Juan aventajó al rey y llegó a ser rey!

Compruébalo ¿Qué cualidades tenían en común todos los pícaros?

Comenta Información e ideas

1. ¿Qué conexiones puedes hacer entre las tres lecturas de *Muchas culturas*? ¿Cómo se relacionan las lecturas?

2. Elige un dato clave que se presente en cada una de las lecturas de este libro. Explica por qué crees que esta información se relaciona con el tema de *Muchas culturas*.

3. ¿Cómo han influido en la vida los diferentes grupos de los Estados Unidos?

4. ¿De qué maneras crees que la conexión personal del escritor afecta su opinión en "Danzas leoninas y *dim sum*"?

5. ¿Qué cuento de pícaros te gustó más? ¿Por qué?

6. ¿Qué quieres saber aún sobre las tradiciones culturales de diferentes lugares del mundo?